Canada
Belgium

Canada-Belgium

Generations of Canadians have served our country and the world during times of war, military conflict and peace. Through their courage and sacrifice, these men and women have helped to ensure that we live in freedom and peace, while also fostering freedom and peace around the world. The Canada Remembers Program promotes a greater understanding of these Canadians' efforts and honours the sacrifices and achievements of those who have served and those who supported our country on the home front.

The program engages Canadians through the following elements: national and international ceremonies and events including Veterans' Week activities, youth learning opportunities, educational and public information materials (including online learning), the maintenance of international and national Government of Canada memorials and cemeteries (including 13 First World War battlefield memorials in France and Belgium), and the provision of funeral and burial services.

Canada's involvement in the First and Second World Wars, the Korean War, and Canada's efforts during military operations and peace efforts has always been fuelled by a commitment to protect the rights of others and to foster peace and freedom. Many Canadians have died for these beliefs, and many others have dedicated their lives to these pursuits. This willingness to stand up to protect human rights, freedom and justice remains one of Canada's defining characteristics in the eyes of the world.

Veterans Affairs Canada encourages all Canadians to learn more about the sacrifices and achievements made by those who served our country, and to help preserve their legacy by passing the torch of Remembrance to future generations of Canadians.

...To you from failing hands we throw The torch, be yours to hold it high. If ye break faith with us who die We shall not sleep, though poppies grow In Flanders fields.
From "In Flanders Fields" by John McCrae

For a list of all publication titles available, please visit www.vac-acc.gc.ca or call 1-877-604-8469 toll free.

Canadians in Belgium 1944

Introduction

ROYAL CANADIAN ENGINEERS LOWERING PIPE INTO ROADWAY EXCAVATION, OSTEND, OCTOBER 1944. *(NATIONAL ARCHIVES OF CANADA 130263)*

During the Second World War, Belgium was the scene of major fighting by the First Canadian Army from September to November 1944. The Canadians were given the important tasks of clearing coastal areas in the north of France and capturing the launching sites of German rockets and put an end to their attacks on southern England. The First Canadian Army also played a leading role in opening the Scheldt estuary (tidal river), gateway to the Belgian port of Antwerp. Access to this port was essential to maintain supply lines to the Allied armies as they continued their push towards Germany to defeat Adolf Hitler's forces and free Western Europe from four years of Nazi occupation which had begun in April 1940.

Under the command of General Henry Duncan Graham (Harry) Crerar, the First Canadian Army was international in character. It was comprised of two Corps - the 1st British Corps and the 2nd Canadian Corps. The 2nd Canadian Corps included the 1st Polish Armoured Division as well as three Canadian Divisions - the 2nd and 3rd Canadian Infantry Divisions and the 4th Canadian Armoured Division. Belgian and Dutch units also served in the First Canadian Army in the initial advance, but were transferred to the Second British Army as it began operations in Belgium and moved on to the Netherlands. The First Canadian Army in northwestern Europe during the final phases of the war was a powerful force, the largest army that had ever been under the control of a Canadian general. The strength of this army ranged from approximately 105,000 to 175,000 Canadian soldiers to anywhere from 200,000 to over 450,000 when including the soldiers from other nations.

More than 800 Canadian soldiers died in battle in Belgium. Most died in September and October of 1944 while liberating the region of Flanders, which included the cities of Furnes, La Panne, Nieuport, Ostend, Knocke-Heist, Bruges, Eecloo, and the northern suburbs of Antwerp. In addition, more than 7,600 Canadian soldiers died during the liberation of the Netherlands, many while helping free the Scheldt estuary and opening up the port of Antwerp for shipping.

The Road to the Scheldt

The Allied forces, including the 3rd Canadian Infantry Division and the 2nd Canadian Armoured Brigade of the First Canadian Army, landed on the beaches of Normandy, France on D-Day, June 6, 1944. As the armies progressed further inland, the First Canadian Army engaged in bitter fighting at Caen and Falaise.

Once the Battle of Normandy was won on August 25, 1944, the First Canadian Army was assigned the task of clearing the coastal areas and opening the English Channel ports for supplies vital to the Allied advance.

SOLDIER OF THE ROYAL REGIMENT OF CANADA RESTING IN BLANKENBERGE, SEPTEMBER 1944.
(NATIONAL ARCHIVES OF CANADA 116730)

Fighting on the left flank of the Allied forces, the First Canadian Army pushed rapidly eastward through France towards Belgium. September began with the 2nd Canadian Division being welcomed to Dieppe. The 2nd Canadian Corps left a number of units to guard the heavily defended ports and pushed towards Belgium.

To the south of the Canadians, the 1st British Corps entered the city of Le Havre on September 3. In the meantime, the troops of the 1st Polish Armoured Division crossed the Somme and led the 2nd Canadian Corps as they drove northward. On September 5, the 4th Canadian Armoured Division took

St. Omer and on the 6th crossed the Franco-Belgian border and overcame enemy forces at Ypres and Passchendaele (sites of well-known

INTERNATIONAL HALFTRACK CROSSING ALBERT CANAL, SEPTEMBER 1944.
(NATIONAL ARCHIVES OF CANADA 114574)

"Buffalo" amphibious vehicles taking troops across the Scheldt in Holland. (*National Archives of Canada 41505*)

First World War Canadian battles). On September 7 they reached Roulers, Belgium.

The Second British Army, meanwhile, was speeding through Brussels on its way to Antwerp, which it seized on September 4 with its installations virtually intact, an important first step to opening this major seaport to Allied shipping.

On September 9, and again on the night of September 10 to 11, the 1st Polish Armoured Division attempted to create a crossing of the Ghent Canal halfway between Bruges and Ghent. The Poles encountered heavy German opposition over the difficult terrain, and were forced to abandon the attack. They then moved north to relieve the 7th British Armoured Division in the Ghent area.

Meanwhile, the 4th Canadian Armoured Division had resumed its advance on September 6 moving forward towards the Belgian towns of Bruges and Eecloo. On September 8, the Canadians arrived at the Ghent Canal. The Germans had destroyed all bridges in an attempt to slow the Allied advance towards Antwerp and the Scheldt.

Sweepers returning to Antwerp docks, November 1944. *(National Archives of Canada 42887)*

On the evening of September 8, an attack was launched across the canal near Moerbrugge, five kilometres south of Bruges. Enemy mortar and heavy fire came down, but a narrow bridgehead was established, and by September 10 a bridge had been built across the Ghent Canal to give support. The bridgehead was gradually extended, but the difficult terrain and enemy resistance slowed further progress.

Clearing the coast

The 2nd Canadian Infantry Division received a tumultuous welcome to Dieppe, where Canadian forces had suffered very high casualties in a failed attempt to storm the beaches in 1942 (out of 4,963 Canadians who took part in the raid, 907 were killed and 1,946 taken prisoner). On September 6, they marched eastward with the objective of clearing the entire coastal area east of Calais, including the heavily fortified port of Dunkirk, capturing the launching sites of German rockets and putting an end to their attacks on southern England.

On September 7 and 8, the 2nd Canadian Infantry Division's 5th Brigade captured Bourbourg, southwest of Dunkirk, and then worked to contain the Dunkirk garrison. The Germans had an estimated 10,000 troops in Dunkirk,

Scouts of Calgary Highlanders advancing north of Kappellen, October 1944. *(National Archives of Canada 116727)*

with outposts in the villages of Mardick, Loon-Plage, Spyker, Bergues and Bray Dunes. Loon-Plage and nearby Coppenaxfort were liberated on September 9; Mardick was taken on September 17.

East of Dunkirk, in the area of the Franco-Belgian border, the 2nd Canadian Infantry Division's 6th Brigade occupied Furnes, Nieuport and La Panne. The Canadians received great assistance from the Belgian White Brigade, Belgium's national resistance movement, which furnished exact information concerning the enemy's strength, defences and minefields. West of La Panne, the 6th Brigade cleared the area of Bray Dunes as well as the nearby village of Ghyvelde.

On September 9, the 2nd Canadian Infantry Division's 4th Brigade moved north to occupy the Belgian port of Ostend. This port, although fortified, was not defended by the Germans. The harbour installations, however, had been partly demolished which delayed its opening. Still, on September 28, stores and bulk petrol began flowing through Ostend which provided much-needed supplies to the Allied front.

4TH CANADIAN ARMOURED DIVISION DEMONSTRATING THE USE OF FLAME THROWERS ACROSS A CANAL, BALGERHOCKE, OCTOBER 1944. *(NATIONAL ARCHIVES OF CANADA 131240)*

Canada-Belgium

COLUMN OF "ALLIGATOR" AMPHIBIOUS VEHICLES PASSING "TERRAPIN" AMPHIBIOUS
VEHICLES ON SCHELDT RIVER, OCTOBER 1944. *(NATIONAL ARCHIVES OF CANADA 114754)*

The 2nd Canadian Infantry Division's 4th Brigade then moved
to the southern outskirts of Bruges to assist the 4th Canadian
Armoured Division in that sector. Fortunately, the enemy
withdrew without contesting possession of the city, and the
Canadians entered the city to an enthusiastic welcome from
the Belgian people. The 4th Brigade then turned back and
attacked Bergues, a key part of Dunkirk's outer defences,
which fell on September 16.

Despite being surrounded, the main German force in Dunkirk
showed no sign of surrendering, and the port could only have
been taken by a major attack with heavy support. Instead, the
Allies simply contained the port with minimum forces and
concentrated every available resource on opening Antwerp.
This freed the 2nd Canadian Infantry Division to move to the
Scheldt area at once.

The Germans were determined to hold the Channel ports
at all costs. These had been heavily fortified and the German
defenders had resolved not to surrender. The distance between
these ports and the Allied front meant that supply routes
became stretched and Allied commanders worried that their
advance might be slowed or, worse, halted completely.

ROAD FLOODED BY GERMAN FORCES NEAR FURNES, SEPTEMBER 1944. (*NATIONAL ARCHIVES OF CANADA 131227*)

Le Havre, Boulogne and Calais were taken by the 3rd Canadian Infantry Division only after massive attacks, with combined air and ground assaults. Because of these attacks, the port installations were largely destroyed and would require months of repair before they could be made operational for Allied shipping. On October 1, the only harbours north of the Seine receiving Allied shipping were Dieppe, its subsidiary Le Tréport, and Ostend.

Meanwhile, the Second British Army had pushed forward into the southern Netherlands. On September 17, three British and American airborne divisions, as well as a brigade of Polish parachute troops, attempted to land behind enemy lines at Nijmegen, Eindhoven and Arnhem. Code-named Operation *Market Garden*, the mission's objective was to seize a bridge over the Rhine River at Arnhem. The operation failed, with 1,400 of the original force of 35,000 killed and more than 6,000 taken prisoner. Any hope for a speedy end to the war appeared to be dashed.

For the Allies, securing adequate supply lines for the winter now became paramount. The Second British Army had seized the port of Antwerp with its installations virtually intact. As Europe's second-largest port, Antwerp and its 45 kilometres of docks was an ideal landing ground for supplies for the continuing war effort. In fact, the opening of the port of Antwerp was essential, since at this point the main supply lines still ran back to Normandy.

However, German occupiers still controlled the Scheldt river which connected the port of Antwerp to the North Sea. As long as the Germans held control of the sea approaches and the long winding estuary, Allied shipping to the port would be impossible. The mere occupation of Antwerp was not enough- all the lands surrounding the Scheldt would have to be liberated first.

The Battle of the Scheldt

The task of liberating the Scheldt was entrusted to the First Canadian Army, under the command of Lieutenant-General Guy Simonds (in place of General Crerar, who had returned to England because of severe illness).

The unique geography of the area made the First Canadian Army's challenge even more daunting. North of the estuary lay South Beveland. Beyond South Beveland lay the island of Walcheren, which had been fortified into a powerful German stronghold. The south bank of the estuary was flat floodlands enclosed by dykes, known as "polder country". It was below sea level and well-suited to defence.

On September 21, the First Canadian Army's armoured divisions moved northwards roughly along the line of the Ghent-Terneuzen Canal. The 4th Canadian Armoured Division was given the task of clearing the Breskens "pocket" (an area on the south shore of the Scheldt around the Dutch town of Breskens), while the 1st Polish Armoured Division headed for the Dutch-Belgian border further east and the crucial area north of Antwerp.

The 4th Canadian Armoured Division had advanced from a hard-won bridgehead over the Ghent Canal at Moerbrugge to find themselves the first Allied troops to face the formidable obstacle of the double line of the Leopold and Dérivation de la Lys Canals. An attack was mounted in the vicinity of Moerkerke. The canals were crossed and a bridgehead established, but fierce counter-attacks by the enemy forced them to withdraw with heavy casualties.

Further east, the 1st Polish Armoured Division enjoyed greater success as it moved up from Ghent heading northeast. In country unsuitable for armour, and against stiffening resistance, the Division managed to smash its way to the coast by September 20. This allowed them to occupy Terneuzen and clear the south bank of the Scheldt eastwards to Antwerp.

But these achievements also clarified the situation facing the First Canadian Army. Any further ground captured from the Germans in the Scheldt would only be made at heavy cost. It was also evident that the Breskens pocket was strongly and fiercely held by the enemy. It extended all the way along the coast from Zeebrugge to the Braakman Inlet and inland to the Leopold Canal.

Opening the Scheldt Estuary

SAPPER, RCE SWEEPING FOR MINES AT ROADBLOCK NEAR KAPPELLEN, OCTOBER 1944. *(NATIONAL ARCHIVES OF CANADA 116748)*

The plan for opening the estuary involved four main operations. The first was to clear the area north of Antwerp and secure access to South Beveland. The second was to clear the Breskens pocket north of the Leopold Canal ("Operation Switchback"). The third, "Operation Vitality", was the capture of South Beveland. The final phase would be the capture of Walcheren Island.

Fighting North from Antwerp

On October 2, the 2nd Canadian Infantry Division began its advance north from Antwerp to reach South Beveland and then advance into it. Initial progress was made, despite stiff opposition. By October 6, with the town of Woensdrecht less than five kilometres away, the objective of the first phase seemed within grasp. The Germans, however, were determined to hold Woensdrecht, which controlled direct access to South Beveland and Walcheren Island.

There were heavy casualties as the Canadians attacked over open, flooded land. Driving rain, booby traps and land mines made advance very difficult. October 13, on what would come to be known as "Black Friday", saw the Canadian 5th Infantry Brigade's Black Watch battalion virtually wiped out in heavy fighting.

Finally, on October 16, the final attack on Woensdrecht was launched, with the support of an immense artillery barrage. As the Allied artillery brought down a heavy concentration of fire within metres of their own troops, the Germans fell back. Woensdrecht was secure and South Beveland and Walcheren were cut off from the mainland. The Canadians had achieved their first objective, but suffered heavy casualties.

COSMOPOLITE HOTEL, REQUISITIONED AS THE "MAPLE LEAF" LEAVE CENTRE, BRUSSELS, OCTOBER 1944. *(NATIONAL ARCHIVES OF CANADA 116751)*

At this point, the challenge and opportunity was clear to all, and Field-Marshal Bernard Montgomery, overall commander of the First Canadian Army and the Second British Army, issued a directive that made the opening of the Scheldt estuary the top priority. To the east, the British Second Army attacked westwards to clear the Netherlands south of the Maas River. This helped secure the Scheldt region from an outside counter-attack.

CONVOYS OF THE 8TH BRIGADE SUPPORT GROUP MOVE THROUGH EECLOO, OCTOBER 1944. *(NATIONAL ARCHIVES OF CANADA 130262)*

Meanwhile, Lieutenant-General Simonds concentrated on the area north of South Beveland. The 4th Canadian Armoured Division, which had been engaged at the Leopold Canal, moved north of the Scheldt and drove hard for the town of Bergen-op-Zoom. By October 24, access to South Beveland was sealed off.

TEMPORARY BRIDGE BUILT BY THE ROYAL CANADIAN ENGINEERS AND THE BELGIAN FORCES OF THE INTERIOR, FURNES, SEPTEMBER 1944. *(NATIONAL ARCHIVES OF CANADA 131226)*

CLEARING THE BRESKENS POCKET: OPERATION "SWITCHBACK"

The second main operation of the Battle of the Scheldt opened with fierce fighting along the Scheldt's southern shore in what was called the Breskens pocket. Here, the 3rd Canadian Infantry Division encountered tenacious German resistance as they fought to cross the Leopold Canal and clear the Breskens pocket.

An earlier failed attempt by the 4th Canadian Armoured Division at Moerbrugge had demonstrated the challenge they faced. In addition to the formidable German defences on both the Leopold Canal and the Dérivation de la Lys Canal, much of the approach area was flooded. Furthermore, the flooded terrain concealed the enemy from the infantry, thus making aerial reconnaissance of enemy positions an absolute necessity. As a result, there were few areas where a determined assault had much hope of success.

It was decided that the best place for an assault would be immediately east of where the two canals divided. This was a narrow strip of dry ground beyond the Leopold Canal – a long triangle with its base on the Maldegem-Aardenburg road and its apex near the village of Moershoofd some five kilometres east. It was only a few hundred metres wide, even at its base, and its northern boundary coincided with the border between Belgium and the Netherlands.

A two-pronged assault commenced. The 3rd Canadian Infantry Division's 7th Brigade made the initial assault across the Leopold Canal, while the 9th Brigade mounted an amphibious attack from the northern or coastal side of the pocket. The assault began on October 6, supported by extensive artillery and "Wasps" (tanks equipped with flamethrowers). The Wasps launched their barrage of flame across the Leopold Canal, allowing the 7th Brigade troops to scramble up over the steep banks and launch their assault boats across the canal. Two precarious, separate footholds were established, but conditions for the Canadian troops were horrendous as the enemy recovered from the shock of the flamethrowers and counter-attacked. However, the troops clung with grim determination to their extremely vulnerable bridgeheads. By October 9, the gap between the bridgeheads was closed, and by early morning on October 12, a position had been gained across the Aardenburg road.

SOLDIER IN A CAFÉ IN ANTWERP, SEPTEMBER 1944. (*NATIONAL ARCHIVES OF CANADA 116735*)

The 3rd Canadian Infantry Division's 9th Brigade conducted an amphibious operation with the aid of "Terrapins" and "Buffaloes" – amphibious vehicles manned by the British 5th Assault Regiment Royal Engineers. The brigade planned to cross the mouth of the Braakman Inlet in amphibious vehicles and to land in the vicinity of Hoofdplaat, a tiny hamlet in the rear or coastal side of the pocket, thus exerting pressure on the enemy from two directions at once. In spite of difficulties in maneuvering vehicles through the canals and the resulting 24-hour delay, the enemy was taken by surprise and a bridgehead was established. Once again the enemy recovered quickly and counter-attacked with ferocity, however, they were slowly forced back. The 10th Brigade of the 4th Canadian Armoured Division crossed the Leopold Canal and advanced at Isabella Polder. Then the 3rd Canadian Infantry Division's 8th Brigade was called to move southwards from the coastal side of the pocket. This opened up a land-based supply route into the pocket.

Despite these triumphs, the 3rd Canadian Infantry Division still had to fight to free the towns of Breskens, Fort Frederik Hendrik, Oostburg, Zuidzande and Cadzand. With the Breskens pocket finally cleared, Operation "Switchback" ended on November 3 when the First Canadian Army victoriously liberated the Belgian towns of Knocke and Zeebrugge.

The Clearing of South Beveland: Operation "Vitality"

The third major operation of the battle opened on October 24 when the 2nd Canadian Infantry Division began its operations against South Beveland. The Canadians hoped to advance rapidly, by-passing opposition and seizing bridgeheads over the Beveland Canal, but they too were slowed by mines, mud and strong enemy defences.

An amphibious attack was made across the West Scheldt by the 52nd (Lowland) Division to get in behind the German's Beveland Canal defensive positions. Thus this formidable defence was outflanked, and the 6th Canadian Infantry Brigade began a frontal attack in assault boats. The engineers were able to bridge the canal on the main road. With the canal line gone, the German defence crumbled and South Beveland was cleared. The third phase of the Battle of the Scheldt was now complete.

Capture of Walcheren Island

As the fourth phase of the battle opened, only the island of Walcheren at the mouth of the West Scheldt remained in enemy hands. The island's defences were extremely strong and the

18TH ARMOURED CAR REGIMENT AND BELGIAN CHILDREN, BLANKENBERGE, SEPTEMBER 1944. *(NATIONAL ARCHIVES OF CANADA 130264)*

only land approach was the long narrow causeway from South Beveland. To make matters worse, the flats that surrounded this causeway were too saturated with sea water for movement on foot, but had too little water for an assault in storm boats.

CANADIAN SOLDIERS FIRING FROM SCHELDT RIVER ON GERMAN POSITIONS NORTH OF ANTWERP, OCTOBER 1944. *(NATIONAL ARCHIVES OF CANADA 131239)*

The island was attacked from three directions: across the causeway from the east, across the Scheldt from the south, and by sea from the west. To hamper German defence, the island's dykes were breached by heavy Royal Air Force bombing, which flooded the central area but allowed the use of amphibious vehicles.

The 2nd Canadian Infantry Division attacked the causeway on October 31 and, after a grim struggle, established a precarious foothold. Then, in conjunction with the waterborne attacks, the 52nd British Division continued the advance. On November 6, the island's capital Middelburg fell, and by November 8 all resistance ended.

CANADIAN TROOPS PREPARING TO LEAVE GHENT, NOVEMBER 1944.
(NATIONAL ARCHIVES OF CANADA 116741)

Meanwhile, the 4th Canadian Armoured Division had pushed eastwards past Bergen-op-Zoom to St. Philipsland where it sank several German vessels in Zijpe harbour.

Thus, with the approaches to Antwerp free and the area up to the Maas River cleared, the fourth phase of the Battle of the Scheldt was completed. Victory had been achieved. The Scheldt was then laboriously cleared of mines, and on November 28, the first convoy entered the port of Antwerp, led by the Canadian-built freighter *Fort Cataraqui*.

Air and Sea Support

The campaign in Northwest Europe took eleven months and could not have succeeded without the support of Allied naval and air forces. The navies kept open the sea lanes for munitions, supplies and reinforcements, while overhead the air forces cleared the skies, and engaged in dangerous bombing missions.

Remembering their sacrifice

Those Canadians who fought in Belgium achieved and sacrificed much in their efforts to help bring peace and freedom to the people of Europe. These combatants were among the more than one million men and women who served in Canada's Armed Forces during the Second World War. More than 42,000 Canadians gave their lives in the war. Canada and the world recognize the sacrifices and achievements of all the Canadians, like those who fought in Belgium, who accomplished so much and left a lasting legacy of peace.

Most of the Canadians who gave their lives in the Allied effort to liberate Belgium are buried in the following military cemeteries.

CEMETERY

	Number of Burials	
	Canadian	Total
Adegem Canadian War Cemetery	848	1109
Brussels Town Cemetery	74	588
Heverlee War Cemetery, Louvain	157	1001
Hotton War Cemetery	88	663
Schoonselhof Cemetery, Antwerp	348	1556

ADEGEM CANADIAN WAR CEMETERY

Canada
Belgique

Canada-Belgique

Des générations de Canadiens ont défendu l'honneur de leur pays et du reste du monde en temps de guerre, en temps de paix, et lors de conflits militaires. Grâce au courage et aux sacrifices de ces hommes et de ces femmes, nous pouvons vivre dans la liberté et la paix tout en se portant à la défense de ces valeurs dans le monde. Le programme Le Canada se souvient vise à mieux faire comprendre les efforts de ces Canadiens, à honorer les sacrifices et les réalisations de ceux qui ont servi leur pays et à rendre hommage à ceux qui ont appuyé le Canada sur le front intérieur.

Le programme incite les Canadiens à participer à la commémoration grâce, entre autres, à des cérémonies et à des activités nationales et internationales, dont la Semaine des anciens combattants; à des activités d'apprentissage et à du matériel pédagogique destinés aux jeunes, notamment des activités en ligne; à l'entretien des monuments commémoratifs et des cimetières de guerre du gouvernement du Canada établis ici et à l'étranger, dont 13 monuments commémoratifs de la Première Guerre mondiale érigés sur les champs de bataille en France et en Belgique; à la prestation de services funéraires et d'inhumation.

La participation du Canada à la Première et la Seconde Guerres mondiales, et à la guerre de Corée, ainsi que sa contribution lors d'opérations militaires et d'opérations de maintien de la paix, ont toujours été nourries par son engagement de protéger les droits des autres et de promouvoir la paix et la liberté. De nombreux Canadiens ont donné leur vie pour ces croyances, et bien d'autres ont consacré leur vie à la poursuite de ces objectifs. Notre empressement à vouloir protéger les droits de la personne, la liberté et la justice nous caractérise aux yeux des autres pays du monde.

Anciens Combattants Canada invite les Canadiens à en apprendre davantage sur les réalisations et les sacrifices consentis par ceux qui ont servi notre pays et à aider à préserver leur héritage en transmettant le flambeau du souvenir aux futures générations de Canadiens.

... Vous jeunes désabusés, à vous de porter l'oriflamme et de garder au fond de l'âme le goût de vivre en liberté. Acceptez le défi, sinon les coquelicots se faneront au champ d'honneur.
- Extrait du poème « Au Champ d'honneur » de John McCrae

Pour obtenir la liste des publications disponibles, visitez notre site Web à l'adresse : www.vac-acc.gc.ca ou téléphonez au numéro sans frais 1 877 604-8469.

Les Canadiens en Belgique (1944)
Introduction

Groupe du Corps de génie royal canadien abaissant un tuyau dans l'excavation de la chaussée, Ostend, octobre 1944. *(Archives nationales du Canada 130263)*

Durant la Seconde Guerre mondiale, entre septembre et novembre 1944, la Belgique a été la scène d'importants combats menés par la Première armée canadienne. Les Canadiens se sont vus confier la mission de libérer les régions côtières du nord de la France et de s'emparer des rampes de lancement de fusées allemandes délivrant ainsi le sud de l'Angleterre de ces attaques. La Première armée canadienne a également joué un rôle déterminant dans la bataille de l'Escaut. Cette mission a permis de déloger la défense allemande installée sur les berges de la rivière Escaut et par le fait même, de libérer le port d'Anvers. L'accès à ce port était crucial pour maintenir la ligne de ravitaillement des Alliés afin qu'ils puissent poursuivre leur avance en vue d'anéantir les forces d'Adolf Hitler et de libérer l'Europe de l'Ouest de quatre années d'occupation nazie qui avait débuté en avril 1940.

Sous le commandement du général Henry Duncan Graham (Harry) Crerar, la Première armée canadienne était très cosmopolite, regroupant des soldats de différents pays. Elle se composait de deux corps, soit le 1er Corps britannique et le 2e Corps canadien. Ce dernier comprenait la 1re Division blindée polonaise et trois divisions canadiennes, notamment la 2e et la 3e Divisions d'infanterie canadiennes, et la 4e Division blindée canadienne. Des unités belges et hollandaises servirent également dans la Première armée canadienne lors de la première avancée, mais ils passèrent à la Deuxième armée britannique lorsque celle-ci amorça les opérations en Belgique et s'achemina vers les Pays-Bas. La Première armée canadienne dans le nord-ouest de l'Europe au cours des dernières phases de la guerre était une force puissante, la plus grande armée sous le contrôle d'un général canadien. Cette armée se composait d'environ 105 000 à 175 000 soldats canadiens. La composition totale de cette armée se portait entre 200 000 à plus de 450 000 avec les soldats d'autres pays.

Plus de 800 soldats canadiens ont laissé leur vie durant la bataille de Belgique durant ses opérations. La plupart sont morts en septembre et octobre 1944 durant la libération de la Flandre, y compris les villes de Furnes, La Panne, Nieuport, Ostende, Knocke-Heist, Bruges, Eecloo ainsi que les communes au nord d'Anvers. Par ailleurs, plus de 7 600 soldats canadiens sont morts lors de la libération des Pays-Bas, dont un grand nombre au cours des durs combats menés pour dégager l'estuaire de l'Escaut et ouvrir le port d'Anvers à la navigation.

EN ROUTE VERS L'ESCAUT

Les premiers débarquements des Alliés, incluant la 3e Division d'infanterie canadienne et la 2e Division blindée canadienne de la Première armée canadienne, eurent lieu sur les plages

de Normandie le jour J, le 6 juin 1944. Alors que les forces armées s'avancent dans les terres, la Première armée canadienne doit livrer des combats acharnés à Caen et à Falaise. Lorsque la Bataille de Normandie fut gagnée le 25 août 1944, la Première armée canadienne est alors chargée de nettoyer les régions côtières et de dégager les ports de la Manche afin d'y recevoir les approvisionnements indispensables à l'avance des Alliés.

SOLDAT DU ROYAL REGIMENT OF CANADA SE REPOSANT À BLACKENBURGE, SEPTEMBRE 1944. (ARCHIVES NATIONALES DU CANADA 116730)

Formant l'aile gauche des forces alliées, la Première armée canadienne avance rapidement vers l'est en passant par la France pour se rendre en Belgique. Pour sa part, la 2e Division canadienne fait son entrée à Dieppe au début de septembre. Le 2e Corps canadien laissa poster un certain nombre d'unités pour protéger les ports du canal et pour poursuivre son avancée en Belgique.

Au sud des Canadiens, le 1er Corps britannique entra dans la ville du Havre le 3 septembre. Pendant ce temps, les troupes de la 1re Division blindée polonaise franchirent la Somme et prirent la tête du 2e Corps canadien qui avançait vers le nord. Le 5 septembre, la 4e Division blindée canadienne occupait Saint-Omer et le 6, elle passait la

AUTOCHENILLE INTERNATIONALE TRAVERSANT LE CANAL ALBERT, SEPTEMBRE 1944. (ARCHIVES NATIONALES DU CANADA 114574)

DES VÉHICULES AMPHIBIES «BUFFALO» TRANSPORTANT DES TROUPES AU-DELÀ DE L'ESCAUT JUSQU'EN HOLLANDE. *(ARCHIVES NATIONALES DU CANADA 41505)*

frontière franco-belge et bousculait les forces ennemies à Ypres et à Passchendaele (lieux de combats connus lors de la Première Guerre mondiale). Le 7 septembre, elle atteignait Roulers en Belgique.

Pendant ce temps, la Deuxième armée britannique traversait Bruxelles en coup de vent en direction d'Anvers, qu'elle prit le 4 septembre. Les installations étaient à peu près intactes. Il s'agissait d'une étape importante pour ouvrir l'accès de cet important port de mer aux ravitaillements des Alliés.

Le 9 septembre et pendant la nuit du 10 au 11 septembre, la 1re Division blindée polonaise tenta de forcer le canal de Gand, à mi-chemin entre Bruges et Gand. Or, les Polonais durent abandonner à cause du terrain difficile et de la résistance farouche que leur opposaient les Allemands. Ils se rendirent ensuite au nord, dans le secteur de Gand, pour relever la 7e Division blindée britannique.

Dans l'intervalle, le 6 septembre, la 4e Division blindée canadienne reprenait son avance en direction des villes de Bruges et d'Eecloo, en Belgique. Le 8 septembre, les Canadiens arrivèrent au canal de Gand. Les Allemands avaient détruit les ponts et ils entendaient tirer le maximum d'avantages de cette position pour gêner la poussée des Alliés vers l'Escaut et Anvers.

DES DRAGUEURS REVENANT AU PORT D'ANVERS, NOVEMBRE 1944. *(ARCHIVES NATIONALES DU CANADA 42887)*

Le soir du 8 septembre, l'assaut fut lancé en vue de franchir le canal près de Moerbrugge, à quelque cinq kilomètres au sud de Bruges. Malgré un tir intense et le feu nourri des mortiers, une étroite tête de pont fut néanmoins établie. Le 10 septembre, un pont achevait d'être construit pour appuyer les troupes. La tête de pont s'étendit peu à peu mais l'état du terrain et la résistance ennemie rendaient la poursuite de l'avance difficile.

Le dégagement de la voie de ravitaillement

La 2e Division d'infanterie canadienne reçut un accueil délirant à Dieppe, où elle avait subi des pertes catastrophiques en 1942. Des 4 963 Canadiens qui prirent part au raid, 907 furent tués et 1 946 faits prisonniers. Le 6 septembre, elle entreprit son avancée vers l'est dans le but de nettoyer tout le secteur côtier à l'est de Calais, y compris le port de Dunkerque puissamment fortifié. La 2e Division s'empara aussi des sites de lancement des fusées allemandes délivrant ainsi le sud de l'Angleterre de ces attaques.

Du 7 au 8 septembre, la 5e Brigade de la 2e Division d'infanterie canadienne s'empara de Bourbourg, au sud-ouest de Dunkerque, puis reçut l'ordre de contenir la garnison de Dunkerque. On estimait celle-ci à environ 10 000 hommes tenant un vaste

ÉCLAIREUR DU CALGARY HIGHLANDERS AVANÇANT AU NORD DE KAPPELEN, OCTOBRE 1944. *(ARCHIVES NATIONALES DU CANADA 116727)*

secteur jalonné par une ligne d'avant-postes : Mardick, Loon-Plage, Spycker, Bergues et Bray Dunes. Loon-Plage fut libérée le 9 septembre, en même temps que la commune voisine de Coppenaxfort. Mardick fut prise le 17 septembre.

À l'est de Dunkerque, près de la frontière franco-belge, la 6e Brigade de la 2e Division d'infanterie canadienne occupait Furnes, Nieuport et La Panne. Les Canadiens bénéficiaient du précieux concours du mouvement national de résistance belge, la Brigade blanche, dont elle put obtenir des renseignements très précis au sujet des effectifs de l'ennemi, de son dispositif de défense et de ses champs de mines. À l'ouest de La Panne, la 6e Brigade nettoyait le secteur de Bray Dunes ainsi que le village voisin de Ghyvelde.

Le 9 septembre, la 4e Brigade de la 2e Division d'infanterie canadienne poussa vers le nord pour occuper le port d'Ostende, en Belgique. Bien qu'il soit fortifié, ce port ne fut pas défendu par les Allemands. Les aménagements portuaires avaient toutefois été en partie démolis, ce qui retarda le dégagement. À partir du 28 septembre cependant, et jusqu'au dégagement complet

Démonstration par la 4e Division blindée canadienne de l'emploi de lance-flammes de l'autre côté du canal à Balgerhoeke, octobre 1944. (*Archives nationales du Canada 116727*)

COLONNE DE VÉHICULES AMPHIBIES «ALLIGATOR» PASSANT LES VÉHICULES AMPHIBIES «TÉRRAPIN» SUR L'ESCAUT, NEUGEN, OCTOBRE 1944. *(ARCHIVES NATIONALES DU CANADA 114754)*

d'Anvers, il fut possible de faire passer des provisions et du pétrole en vrac dans le port d'Ostende. Du ravitaillement indispensable pour le front allié.

La 4e Brigade de la 2e Division d'infanterie canadienne prit position aux abords de Bruges, au sud de la ville, afin d'appuyer l'action de la 4e Division blindée canadienne dans ce secteur. Fort heureusement, l'ennemi s'étant retiré sans combattre, les Canadiens purent pénétrer dans la ville et y reçurent un accueil triomphal de la part des Belges. Ensuite, la 4e Brigade rebroussa chemin et attaqua Bergues, pièce importante du dispositif allemand couvrant Dunkerque, qu'elle finit par occuper le 16 septembre.

Il ne semblait pas, malgré qu'elles furent encerclées, que les forces allemandes furent disposées pour autant à abandonner Dunkerque. Pour se saisir du port, il aurait fallu une attaque de vaste envergure, lancée avec le maximum de moyens. Il fut donc décidé de simplement contenir l'ennemi en y engageant le moins de troupes possible pour concentrer tous les efforts sur le dégagement d'Anvers. Ainsi, la 2e Division d'infanterie canadienne pouvait être dépêchée immédiatement dans la région de l'Escaut.

ROUTE INONDÉE PAR LES ALLEMANDS, FURNES, SEPTEMBRE 1944. *(ARCHIVES NATIONALES DU CANADA 131227)*

Les Allemands étaient résolus de conserver à tout prix les ports de la Manche. Ces ports étaient des « forteresses » et ils refusaient de se rendre. La distance entre ces ports et le front allié rendait l'accès aux lignes d'approvisionnement très difficile. Le commandement allié craignait que leur avance soit retardée ou pire encore stoppée complètement.

Le Havre, Boulogne et Calais furent pris par la 3e Division d'infanterie canadienne seulement après des attaques massives au sol et dans les airs. En raison de ces attaques, les installations portuaires avaient été en grande partie détruites et auraient nécessité des mois de réparation avant que les Alliés puissent effectuer des envois. Le 1er octobre les seuls ports ouverts au nord de la Seine étaient Dieppe, Le Tréport – qui servait, en quelque sorte, à doubler Dieppe – et Ostende.

Entre-temps, la Deuxième armée britannique avait avancé dans le sud des Pays-Bas. Le 17 septembre, trois divisions aéroportées britanniques et américaines, ainsi qu'une brigade parachutiste polonaise tentèrent de larguer des parachutistes à Nimègues, Eindhoven et Arnhem, villes situées au-delà des lignes allemandes en Hollande. L'objectif de l'opération *Market-Garden* : s'emparer d'un pont qui traversait le Rhin à Arnhem. L'opération fut un échec. Plus de 6 000 des 35 000 soldats qui constituaient la force initiale sont faits prisonniers et 1 400 sont tués. Tout espoir de dénouement rapide disparaissait.

Pour les Alliés, il devenait essentiel de protéger les lignes de ravitaillement pendant l'hiver. La Deuxième armée britannique s'était emparée du port d'Anvers où tout était encore presque intact. Le port d'Anvers, second en importance en Europe avec ses 45 kilomètres de zone portuaire, représentait un endroit idéal pour assurer l'approvisionnement nécessaire à la poursuite des efforts de guerre. Il devint absolument nécessaire d'ouvrir le port d'Anvers puisque les principales lignes de ravitaillement se rendaient encore jusqu'en Normandie.

Toutefois, les Allemands contrôlaient toujours la rivière Escaut qui reliait le port d'Anvers à la mer du Nord. Tant que les Allemands auraient la main haute sur les voies d'accès maritimes et sur le vaste et sinueux estuaire, les Alliés ne pourraient débarquer au port. L'occupation d'Anvers ne suffirait donc pas. Il faudrait également libérer les berges de la rivière Escaut.

La bataille de l'Escaut

La tâche de libérer l'estuaire de la rivière Escaut fut confiée à la Première armée canadienne, placée sous le commandement du lieutenant général Guy Simonds qui remplaçait le général Crerar. Ce dernier avait dû retourner en Angleterre étant souffrant.

La position géographique de la région et la nature du terrain constituent des défis de taille pour la Première armée canadienne. Au nord de l'estuaire se trouve le Beveland-Sud. Au-delà du Beveland-Sud se trouve l'île de Walcheren qui avait été transformée en puissante forteresse allemande. Puisque la rive sud de l'estuaire, composée entièrement de terres basses, se trouve au-dessous du niveau de la mer, il s'agissait d'un endroit idéal pour établir une ligne de défense.

Membre du Corps de prévôté canadien parlant à des membres de la Résistance belge, Bruges, septembre 1944.
(Archives nationales du Canada 116733)

Le 21 septembre, les divisions blindées de la Première armée canadienne reçurent l'ordre de monter vers le nord en suivant à peu près le canal de Gand-Terneuzen. La 4e Division blindée canadienne fut alors chargée de dégager le secteur de gauche jusqu'à la « poche » de Breskens, région de la rive sud de l'Escaut entourant la ville hollandaise de Breskens, tandis que la 1re Division blindée polonaise se dirigeait vers la frontière hollando-belge plus à l'est et le secteur crucial au nord d'Anvers.

Partie de la tête de pont qu'elle avait conquise de haute lutte à Moerbrugge, sur le canal de Gand, la 4e Division blindée canadienne fut la première des troupes alliées à se trouver devant le formidable obstacle que présentaient deux canaux parallèles, soit le canal Léopold et le canal de dérivation de la Lys. Une attaque fut déclenchée près de Moerkerke. Les troupes réussirent à traverser les canaux et à établir une tête de pont, mais durent se replier suite aux féroces contre-attaques de l'ennemi qui lui coûtèrent de lourdes pertes.

SAPEUR DU CORPS DE GÉNIE ROYAL CANADIEN FAISANT LE DRAGAGE DES MINES AU BARRAGE ROUTIER PRÈS DE KAPPELEN, OCTOBRE 1944.
(ARCHIVES NATIONALES DU CANADA 116748)

Plus à l'est, la 1re Division blindée polonaise connut plus de succès dans son avancée vers le nord-est, à partir de Gand. Malgré le terrain peu favorable au passage des blindés ainsi que la résistance accrue de l'ennemi, elle réussit, le 20 septembre, à atteindre la côte, à occuper Terneuzen et à dégager la rive sud de l'Escaut entre ce point et Anvers, à l'est.

Malgré ce succès, deux sombres constatations se dégagèrent : d'une part, gagner le terrain ennemi dans ce secteur de l'Escaut coûterait très cher et, d'autre part, la « poche » de Breskens était entièrement et âprement défendue par l'ennemi tout autour de la côte depuis Zeebrugge jusqu'à l'anse Braakman, et vers l'intérieur le long du canal Léopold.

OUVERTURE DE L'ESTUAIRE DE L'ESCAUT

La libération de l'estuaire devait se faire en quatre étapes principales. Premièrement, il fallait dégager la région au nord d'Anvers et isoler le Beveland-Sud. Il fallait ensuite dégager la « poche » de Breskens située derrière le canal Léopold (opération « Switchback ») et en troisième lieu, envahir le Beveland-Sud (opération « Vitality »). La prise de l'île de Walcheren représentait la dernière étape.

Combats au nord d'Anvers

Le 2 octobre, la 2e Division d'infanterie canadienne avançait vers le nord, à partir de la région d'Anvers, afin de fermer la sortie du Beveland-Sud et de progresser dans cette direction par la suite. Au début, elle progressait assez rapidement malgré la résistance acharnée de l'ennemi. Le 6 octobre, les troupes étaient à moins de cinq kilomètres du village de Woensdrecht. L'objectif de la première phase de l'opération paraissait à portée de la main.

L'HÔTEL COSMOPOLITE, RÉQUISITIONNÉ DEVIENT LE CENTRE DE CONGÉ «FEUILLE D'ÉRABLE», BRUXELLES, OCTOBRE 1944. (*ARCHIVES NATIONALES DU CANADA 116751*)

Toutefois, les succès antérieurs n'allaient pas se répéter cette fois-ci car les Allemands étaient déterminés à conserver Woensdrecht, qui dominait l'accès au Beveland-Sud et à Walcheren.

Les Canadiens subirent de lourdes pertes tandis qu'ils attaquaient à découvert sur une étendue de polders inondés que la pluie battante, les pièges et les mines avaient empirés et

CONVOIS DU GROUPE D'APPUI DE LA 8E BRIGADE ATTEIGNANT UN PONT DANS EECLOO, OCTOBRE 1944. (*ARCHIVES NATIONALES DU CANADA 130262*)

rendaient l'avancée très difficile. Le 13 octobre, journée maintenant connue sous le nom de « Vendredi noir » le bataillon Black Watch de la 5e Brigade d'infanterie canadienne fut pratiquement anéanti dans les combats.

Enfin, le 16 octobre, lors de l'attaque finale, les troupes fondirent sur Woensdrecht sous un puissant barrage d'artillerie. Lorsque l'artillerie des Alliés fit pleuvoir un feu très concentré, à quelques mètres à peine de ses troupes, les Allemands se replièrent. Les Alliés tenaient Woensdrecht et le Beveland-Sud et l'île de Walcheren étaient coupés du continent. Les Canadiens avaient atteint le premier objectif mais au prix de nombreuses pertes.

Le maréchal Bernard Montgomery, commandant en chef de la Première armée canadienne et de la Deuxième armée britannique, ordonna alors le regroupement de toutes les Forces armées pour qu'elles se concentrent sur l'ouverture de l'estuaire de l'Escaut. La Deuxième armée britannique attaqua à l'ouest afin de nettoyer les Pays-Bas au sud de la Meuse et d'isoler la région de l'Escaut, protégeant ainsi la région de l'estuaire d'une contre-attaque externe.

Pour sa part, le lieutenant général Simonds oeuvra au nord du Beveland-Sud. La 4e Division blindée canadienne, occupée au canal Léopold, fut dépêchée au nord de l'Escaut et fonça vers Bergen op Zoom. Le 24 octobre, l'accès au Beveland-Sud était scellé.

Nettoyage de la poche de Breskens : Opération « Switchback »

La deuxième phase de la Bataille de l'Escaut s'amorça avec d'autres batailles sanglantes sur la rive sud de l'Escaut dans un endroit connu sous le nom de la « poche » de Breskens. C'est là que la 3e Division d'infanterie canadienne se heurta à une résistance opiniâtre de l'ennemi en tentant de franchir le canal Léopold pour nettoyer la « poche » de Breskens.

Auparavant, la 4e Division blindée canadienne, qui avait échoué dans l'une de ses tentatives à Moebrugge, avait eu un avant-goût des défis qui se pointaient à l'horizon. Outre les formidables défenses allemandes situées sur le canal Léopold, dont près de la moitié était doublement protégée par le canal de dérivation de la Lys, l'abord était presque entièrement inondé. De plus, le terrain inondé cachait les positions ennemies de l'infanterie et rendait nécessaire la reconnaissance aérienne pour les repérer. Par conséquent, il y avait peu d'endroits où les troupes pouvaient espérer lancer avec succès une véritable attaque.

Il a donc été décidé que le meilleur endroit pour une attaque se trouvait immédiatement à l'est du point de divergence des deux canaux. Il y avait en effet, au-delà du canal Léopold, une étroite bande de terrain sec, long triangle ayant sa base sur la route Maldegem Aardenburg et son sommet près du village de Moershoofd, à quelque cinq

SOLDAT DANS UN CAFÉ, ANVERS, SEPTEMBRE 1944. *(ARCHIVES NATIONALES DU CANADA 116735)*

kilomètres à l'est. Même à la base, il n'avait que quelques centaines de mètres de largeur et sa limite nord coïncidait avec la frontière séparant la Belgique des Pays-Bas.

L'attaque devait se faire en deux endroits. La 7e Brigade de la 3e Division d'infanterie canadienne ouvrirait l'assaut contre le canal Léopold, tandis que la 9e Brigade lancerait une attaque amphibie du côté nord ou secteur côtier de la poche. L'assaut débuta le 6 octobre, avec l'appui d'un puissant barrage d'artillerie et de lance-flammes « Wasp ». Les « Wasp » ouvrirent leur barrage de flammes sur la rive opposée du canal Léopold, permettant ainsi aux troupes de la 7e Brigade de gravir la berge escarpée et de lancer leurs embarcations d'assaut sur le canal. Après avoir établi deux têtes de pont précaires, les Canadiens subirent une riposte indescriptible de l'ennemi qui, revenu du choc provoqué par les flammes, contre-attaqua férocement. Néanmoins, les troupes canadiennes se cramponnèrent obstinément à leurs têtes de pont extrêmement vulnérables. Le 9 octobre, l'écart entre les deux têtes de pont était comblé et, tôt le matin du 12 octobre, une position enjambant la route d'Aardenburg était gagnée.

Les opérations amphibies de la 9e Brigade de la 3e Division d'infanterie canadienne furent exécutées au moyen de véhicules amphibies « Terrapin » et « Buffalo » conduits par des soldats du 5e Régiment d'assaut du Génie royal britannique. Les soldats devaient franchir l'embouchure de l'anse Braakman dans les véhicules amphibies, puis débarquer près de Hoofdplaat, hameau dans le secteur arrière ou côtier de la poche, pressant ainsi l'ennemi de deux directions à la fois. En dépit de la difficulté qu'elles eurent à faire passer les véhicules de l'autre côté du canal et malgré le retard de vingt-quatre heures qui en résulta, les troupes alliées prirent l'ennemi par surprise et la tête de pont fut vite consolidée. Encore une

fois, l'ennemi contre-attaqua avec sa vigueur habituelle. Toutefois, il dut peu à peu se replier. La 10e Brigade de la 4e Division blindée canadienne put traverser le canal Léopold et avança au polder d'Isabella. Elle prit contact avec la 8e Brigade de la 3e Division d'infanterie canadienne qui se dirigeait vers le sud depuis le secteur côtier de la poche. Cela permit d'établir une voie de ravitaillement dans la poche.

Malgré ces succès, la 3e Division d'infanterie canadienne avait encore de durs combats à livrer avant de pouvoir prendre les villes de Breskens, d'Oostburg, de Zuidzande, de Cadzand et le fort Frederik Hendrik. Une fois la « poche » de Breskens finalement libérée, l'opération « Switchback » fut complétée le 3 novembre avec la libération des villes belges de Knocke et de Zeebrugge par la Première armée canadienne.

PERSONNEL DU 18E RÉGIMENT DE VÉHICULES BLINDÉS ET DES ENFANTS BELGES, BLANKENBERGE, NOVEMBRE 1944. (*ARCHIVES NATIONALES DU CANADA 130264*)

Nettoyage du Beveland-Sud : Opération « Vitality »

La troisième opération majeure de la bataille débuta le 24 octobre lorsque la 2e Division d'infanterie canadienne commença ses opérations contre le Beveland-Sud. Les Canadiens espéraient progresser rapidement, en contournant l'opposition, afin de s'emparer de passages sur le canal de Beveland. Mais, encore une fois, les mines, la boue, et les fortes défenses ennemies les ralentirent.

Entre-temps, la 52e Division (Lowland) lançait une attaque amphibie au-delà du bras ouest de l'Escaut afin de contourner la ligne du canal et les positions défensives de l'ennemi. Ainsi, le canal de Beveland fut contourné et la 6e Brigade d'infanterie canadienne amorça une attaque de front dans des embarcations d'assaut. Les soldats du Génie purent ensuite ériger un pont sur le canal, depuis la route principale. Puisque la ligne du canal n'existait plus, la défense allemande s'écroula et le Beveland-Sud fut nettoyé. La troisième phase de la Bataille de l'Escaut venait de prendre fin.

Soldats canadiens tirant de l'Escaut sur les positions allemandes au nord d'Anvers, octobre 1944. (*Archives nationales du Canada 131239*)

Prise de l'île de Walcheren

Lorsque débuta la quatrième phase de la bataille, l'île de Walcheren à l'embouchure de l'Escaut était toujours aux mains ennemies. Les défenses de l'île étaient d'une solidité à toute épreuve et la seule façon d'en approcher par voie terrestre était en empruntant la longue et étroite chaussée du Beveland-Sud. Et il y avait pire encore : les terres basses entourant cette chaussée étaient trop saturées pour permettre d'avancer à pied, mais n'étaient pas suffisamment inondées pour permettre d'attaquer en bateau plats à moteur.

Troupes canadiennes se préparant à quitter Gand, novembre 1944.
(Archives nationales du Canada 116741)

L'attaque de l'île fut lancée dans trois directions : de l'est, par la chaussée; du sud, par l'Escaut; et de l'ouest par la mer. Pour affaiblir la résistance des Allemands, la Royal Air Force bombarda les digues de l'île afin d'inonder la région centrale, permettant ainsi aux véhicules amphibies d'y pénétrer.

La 2e Division d'infanterie canadienne se lança à l'attaque de la chaussée le 31 octobre et, après un coûteux combat, réussirent à s'emparer d'une tête de pont. Puis la 52e Division britannique poursuivit son avancée en même temps que les attaques vinrent de la mer. Le 6 novembre, la sécurité de Middelburg, capitale de l'île, était assurée et, le 8 novembre, toute opposition ennemie cessa.

Entre-temps, la 4e Division blindée canadienne avait marché vers l'est passant par Bergen op Zoom pour se rendre à St. Philipsland où elle coula plusieurs vaisseaux allemands dans le port de Zijpe.

Les abords d'Anvers étant libérés et la région nettoyée jusqu'à la Meuse, la bataille de l'Escaut venait de prendre fin et la sécurité de la ligne de ravitaillement, essentielle pour alimenter l'avance des Alliés pour la libération de l'Europe, était assurée. Le canal était débarrassé des mines et, le 28 novembre, le premier convoi entra dans le port d'Anvers avec à sa tête un navire canadien, le *Fort Cataraqui*.

Appui aérien et naval

La campagne de l'Europe du Nord-Ouest a duré onze mois et n'aurait pu réussir sans le secours des forces navales et aériennes alliées. Les marines tinrent les voies maritimes dégagées pour permettre le transport des munitions, des approvisionnements et des renforts tandis que, dans les airs, les forces aériennes nettoyaient le ciel et effectuaient des bombardements dangereux.

Nous nous souvenons...

Les Canadiens qui ont pris part aux combats en Belgique ont beaucoup sacrifié pour rétablir la paix et pour rendre aux Européens leur liberté. Ces combattants sont au nombre de ce million et plus d'hommes et de femmes qui ont servi dans les Forces armées canadiennes au cours de la Seconde Guerre mondiale. Plus de 42 000 Canadiens ont donné leur vie dans cette guerre. Le Canada et le monde entier reconnaissent les sacrifices et les réalisations de tous les Canadiens, à l'image de ceux qui se sont battus en Belgique. L'héritage de paix et de liberté qu'ils nous ont laissé est inestimable.

La plupart des Canadiens qui ont laissé leur vie lors des combats des Alliés visant à libérer la Belgique reposent dans les cimetières suivants :

Cimetière	Nombre de sépultures	
	Canadiens	Total
Cimetière de guerre canadien d'Adegem	848	1109
Cimetière communal de Bruxelles	74	588
Cimetière de guerre d'Heverlee, Louvain	157	1001
Cimetière de guerre d'Hotton	88	663
Cimetière de guerre d'Schoonselhof, Anvers	348	1556

Cimetière de guerre canadien d'Adegem